Frozen Yogurt

**Lecker leichtes Joghurt - Eis
selbst gemacht**

compbook starcooks

Elisabeth Engler
Janosch Engler

Frozen Yogurt

*Lecker leichtes Joghurt - Eis
selbst gemacht*

compbook starcooks

Bibliografische Information der Deutschen Nationalbibliothek
Die Deutsche Nationalbibliothek verzeichnet diese Publikation in der Deutschen Nationalbibliografie;
detaillierte bibliografische Daten sind im Internet über http://dnb.d-nb.de abrufbar

Elisabeth Engler, Janosch Engler – 1. Auflage
Kranzberg, Compbook Verlag, 2011

Copyright © 2011 Compbook Verlag, Kranzberg,
Fotos, Text und Gestaltung: Elisabeth Engler, Janosch Engler
Foto S. 49 über Istockphoto.com (Melone) © Kenishirotie,
S. 21 über Istockphoto.com (Bananen) © Matjaz Preseren
S. 32 über Istockphoto.com (Erdbeere) © Roman Sigaev
S. 39 über Istockphoto.com (Kiwi) © Meliha Gojak
S. 48 über Istockphoto.com (Maroni) © Ernst Fretz
Umschlaggestaltung: Elisabeth Engler
Umschlagmotiv: Elisabeth Engler
Symbolgestaltung by Elisabeth Engler unter Verwendung je eines Motivs von © Birgitte Magnus,
© saiko3p, © Valentyn Volkov, © Dimitrios Valmas über istockphoto.com

Herausgeber:
Compbook Verlag
Karl-Heinz Engler Dipl. Ing. (FH)
Kirchbergstr. 17
D-85402 Kranzberg
www.compbook.de email: compbook@gmx.de
Bestellungen bitte direkt an buchhandel@bod.de

Herstellung:
Books on Demand GmbH, Norderstedt
ISBN 978-3-934473-12-6

Hinweis:
Alle in diesem Buch gemachten Rezepte, Angaben und Anwendungshinweise wurden von den Autoren mit Sorgfalt zusammengestellt und erprobt. Dennoch übernehmen weder Verlag noch Autoren eine Verantwortung auch im Sinne jeglicher Haftung oder Garantie für mögliche Folgen oder inhaltlicher Unrichtigkeit und schließen diese aus. Beachten Sie bekannte, vorliegende Allergien.
Rezepte, die Alkohol enthalten (oder Kaffee), sind für Kinder und Alkoholabhängige ungeeignet und müssen dementsprechend abgeändert werden.

Inhalt

Frozen Yogurt – nur Trend oder echt lecker?

Da können wir nur raten, es einmal auszuprobieren! Wir selbst waren zugegeben ausgesprochen überrascht von der cremigen Konsistenz dieser Eisart und davon, wie hervorragend es die sonst übliche fette Sahne ersetzt. Überzeugt hat auch der geringe Fettanteil, den dieses Produkt aufweist und dadurch viel gesünder macht.

Doch machen wir uns nichts vor: Zucker und die damit verbundenen Kalorien sind schon noch darin enthalten – ausser wir ersetzen ihn durch Süßstoff oder Ähnlichem oder lassen Zucker ganz weg. Reduzieren können wir diesen auf alle Fälle, wenn es unserem Geschmack entspricht. Oder auch einmal ein Eis mit Honig, Fruchtzucker (dann nur etwa 70% der angegebenen Zuckermenge verwenden!) oder Agavendicksaft ausprobieren.

Zugegeben, vor allem unser Schokoladeneis enthält immer noch genügen Kalorien, aber dafür schmeckt es einfach himmlisch...

„Gefährlich" sind auch die in Eisdielen üblichen sogenannten Toppings, Süßes, das auf das Eis im Nachhinein drauf gegeben wird. Schmeckt sicherlich, erhöht aber leider auch die Kalorienzufuhr und somit unser unbeliebtes „Hüftgold".

Schon in den 1970er Jahren wurde in Großbritannien ein Joghurteis produziert und vertrieben, bevor es dann in den USA seinen Siegeszug in den Supermärkten und Eisläden antrat, die aus dem Boden zu schiessen schienen. Mittlerweile kommt „Frozen Yogurt" auch in die deutschen bzw. europäischen Regale der Supermärkte oder wird in speziellen Eisshops angeboten und erfreut sich steigender Beliebtheit.

Wir wollen jetzt aber unser Eis nicht kaufen, sondern möglichst mit einfachen Mitteln und wenig Zeitaufwand, selbst herstellen.

Warum Eis selber machen?

Über die Beliebtheit von Speiseeis bei Groß und bei Klein wollen wir hier gar nicht erst reden. Dass Eis nicht nur köstlich schmeckt, auch einmal zwischendurch, erfrischt und passend präsentiert auch der krönende Abschluß eines jeden Festessens ist, wissen Sie sicherlich auch selbst.
Den Hauptgrund, warum wir unser Eis selbst herstellen und nicht einfach in die Kühlung des nächstbesten Discounters greifen, werden Sie spätestens dann nachvollziehen können, wenn Sie erst einmal eines der hier nachzulesenden Rezepte ausprobiert haben!

Unser Eis bezeichnen wir – mit ein klein wenig Eigenlob – als unvergleichlich! Es ist durch seine Frische und die hochwertigen Zutaten, die wir verwenden, je nachdem besonders fruchtig und aromatisch oder auch cremig und fein.

Eine solche Aromenvielfalt findet sich selten in einer Eisdiele und viele dieser Sorten sind sowieso nicht käuflich zu erwerben.
Vergleichbare Eisqualitäten sind ausserdem weitaus teurer als unser selbstgemachtes Produkt, also schonen wir sogar noch unsere Haushaltskasse, wenn wir uns selbst oder unsere Familie und Freunde damit verwöhnen. Und mit Billigqualität lässt sich unser Eis gar nicht vergleichen, das sind ganz andere „Dimensionen" des Geschmacks.

Im nächsten Abschnitt gehen wir näher auf die Zutaten ein, aber lassen Sie uns vorwegnehmen, dass wir auf künstliche Aromen, Konservierungsstoffe, Emulgatoren, chemisch veränderte Produkte wie Trockenei oder Milchpulver verzichten. Lecithin durch die Zugabe von Eigelb oder Sojalecithin ist dagegen durchaus erlaubt und ermöglicht es uns, ein weiches und cremiges Produkt herzustellen. Weitere Möglichkeiten wären Guarkernmehl (1 Tl auf 200 ml Eismasse, neutraler Geschmack, E 412) oder Johannisbrotkernmehl (Carubin, E 410) zu verwenden, wobei Letzteres aber den Geschmack verändert (passt gut, wenn Schokolade enthalten ist, 1 EL auf 250 ml Eismasse). Meist ist beides nicht so leicht erhältlich, am besten im Bioladen oder im Versandhandel beziehen. Wir haben uns für Sojalecithin entschieden, das wir im Internet gefunden haben und das man für 5-6 EUR bekommen kann (für eine Menge von 500 g Pulver). Da wir davon immer nur ½ bis 1 Teelöffel benötigen, kommen wir mit unserer Heimproduktion schier ewig damit aus.

Handelübliches Eis ist übrigens bis zu **zwei Jahren** haltbar! Bilden Sie sich bitte selbst ein Urteil, welche Menge an Zusatzstoffen darin enthalten sein muss, um dies zu erreichen!

Im Unterschied zu käuflichem Frozen Yogurt wird unser Eis nicht in der Softeismaschine hergestellt, wo es sicherlich noch cremiger wird, aber wohl auch selten gänzlich frei von Zusatzstoffen sein dürfte. Hinsichtlich Cremigkeit und Konsistenz kann sich aber auch unser Eis durchaus sehen lassen!

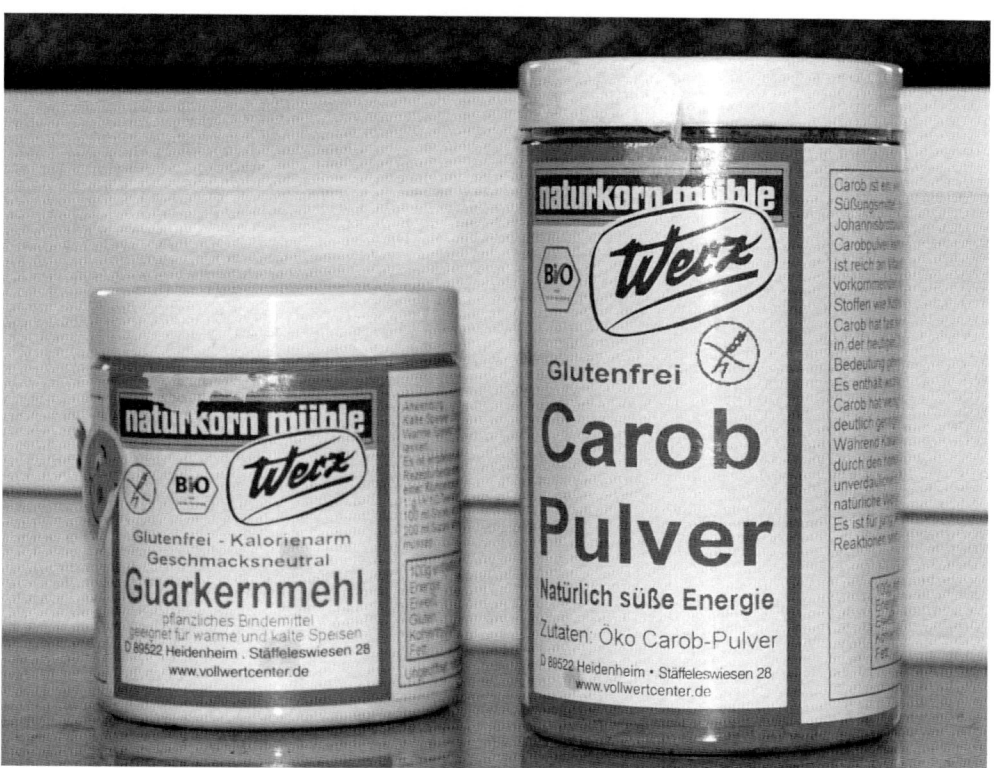

Man nehme... - Zutaten

Wie immer bei der Zubereitung von Speisen gilt auch für die Eisherstellung: je besser die Qualität der Zutaten, desto besser das Ergebnis! Frisch gemacht und gleich verzehrt schmeckt einfach am besten. Längere Lagerzeiten, die bei selbstproduziertem Eis wesentlich kürzer sein sollten, da keinerlei Konservierungsstoffe die Haltbarkeit beeinflussen, verschlechtern unser Geschmackserlebnis.

Wir raten daher unser Eis entweder gleich nach dem Gefrieren oder zumindest innerhalb der nächsten Woche zu verspeisen. Ist das Eis fest gefroren, dann nehmen Sie es 5-10 Minuten vor dem Servieren aus dem Gefrierschrank, damit es etwas antauen kann. Überlegen Sie wie „cremig soft" handelsübliches Speiseeis auch bei den eigentlich für Eis überdimensionierten Gefrierschranktemperaturen ist! Das schafft die Industrie nur durch entsprechende Zusätze und Fette (meist gehärtete, besonders ungesunde Speisefette). Eis, das man in der Eisdiele kauft, wird weniger stark gekühlt, daher empfindet man es als besonders cremig und geschmeidig.

In unserer hauseigenen Gelateria bekommen wir unser Eis cremig alleine durch die Verwendung von Joghurt, (sehr) frischen, steif geschlagenen Eiern, Pudding, schaumig gemixten Früchten und Sirup oder Honig. Je höher der Wasseranteil in der Eismasse ist, desto größer werden die gefrorenen Eiskristalle, die uns das Eis dann im Mund als unangenehm empfinden lassen. Allerdings wird genau dieser Effekt in sogenannten „Granitas" erwünscht, handgerührtes Wassereis ohne jedes Fett, die durch ihre relativ großen Eiskristalle im Mund eine schnelle Kühlung erreichen.

Durch die Verwendung von **Soja-Lezithin** (am besten biologisch) können wir die Konsistenz noch cremiger gestalten, dazu rührt man etwa 1 TL in die noch ungefrorene Masse von etwa 400 ml ein. Dadurch ist es möglich, auf die Verwendung von Eiern in vielen Rezepten zu verzichten, vor allem für Cholesterinsensible ein bedeutendes Plus.

Gewürze geben unserem Eis eine besondere Note, zum Beispiel Zimt, Vanille (bitte keinen künstlichen Vanillinzucker!), Sternanis, aber auch Kräuter wie Minze und Melisse verfeinern unsere Kreation. Dabei gilt: weniger ist mehr. Gehen Sie mit kräftigen Aromen eher sparsam um, sie sollen in der Regel nur einen Hauch betonen oder etwas mehr „Pepp" geben. Auch **Zitronensaft** und Abrieb von der Zitronenschale verstärken die vorhandenen Aromen und geben oft eine fruchtigere Variante, besonders wenn „einfach noch etwas fehlt".

Alkohol, meist als Likör, manchmal aber auch Whisky, Weinbrand, Obstbrand, gibt zusätzlichen Kick und feines Aroma. Servieren Sie das Eis jedoch Kindern (und Alkoholkranken) sollten Sie darauf verzichten! Alkohol verlängert die Gefrierzeit, bewirkt aber gleichzeitig dass sich kleinere Eiskristalle bilden, wodurch wiederum das Produkt cremiger wird. Jedoch empfehlen wir, dass die Menge des verwendeten Alkohols, vor allem wenn er hochprozentig ist, nicht mehr als 2-3 EL auf 500 ml Eismasse betragen sollte.

Verwenden Sie ganz frische **Eier**, am besten aus biologischer Haltung. Unsere Rezepte beziehen sich immer auf Eier der Größe M übrigens.

Joghurt ist meist mit 3,5 % Fettanteil verwendet worden. Schmeckt Ihnen das Eis auch mit 1,5 %igem Joghurt, so kann man diesen ebenso nehmen. Wir empfanden dieses Eis meist als weniger cremig. Auch hier ziehen wir biologischen Joghurt, eventuell mit dem sogenannten „Bifidus" (Bifidobacterium), dem Herkömmlichen vor. Auf jeden Fall bitte nur Naturjoghurt ohne Zusätze (Fruchtmischung, Zucker etc.) in unser selbstgemachtes Eis geben!

Geeignete **Süßungsmittel**: Puderzucker (löst sich schnell auf und macht die Masse cremig), weisser, handelsüblicher Haushaltszucker, brauner, aromatischer Rohrzucker, Honig, Sirup (gekauft oder selbstgemacht[*]), Agavendicksaft (gesund, sehr aromatisch und von hoher Süßkraft, aber leider auch teuer), oder auch Stevia (Süßkraut, gesund und ohne jede Kalorie aber leider mit sehr gewöhnungsbedürftigem Eigengeschmack).

Früchte: je frischer, desto besser. Da Früchte immer einen bestimmten, je nach Sorte und Alter individuellen (Frucht-) Zuckergehalt aufweisen, ist dieser bei der Zubereitung zu berücksichtigen.

---

[*] Siehe „Das Sirup-Kochbuch" und „Das neue Sirup-Kochbuch", Elisabeth Engler, Compbook Verlag

Zubereitung

Allen, die sich von unserer „Eisbegeisterung" anstecken lassen, möchten wir, falls nicht schon im Haushalt vorhanden, die Anschaffung einer Eismaschine dringend ans Herz legen! Durchforschen Sie das Internet, dort finden sich oft günstige Angebote. Wir haben für unsere Eismaschinen (zum Experimentieren benötigten wir dann doch mehrere) eines Markenherstellers keine 60.- EUR bezahlt, das finden wir durchaus angemessen. Das damit hergestellte Eis ist nicht nur sehr schnell fertig (zwischen 20 und 35 Minuten) und verführt zum sofortigen Verzehr (dann schmeckt es ja auch am besten), sondern es wird auch angenehm cremig in der Konsistenz. Zusätze wie Fruchtstücke, kandierte Früchte, Nüsse, Kerne, verteilen sich in der gesamten Masse. Bei Eis, das im Gefrierschrank produziert wird liegen diese sonst unten als Bodensatz des verwendeten Behältnisses, wenn die Masse nicht regelmäßig umgerührt wird bis es vollständig durchgefroren ist.
Fazit: eine Maschine lohnt sich wirklich und macht Ihr Ergebnis noch feiner und optisch ansprechender!

Dennoch sind alle unsere Rezepte auch schlicht und einfach für den Gefrierschrank umsetzbar:
Die fertig vorbereitete Masse in einen geeigneten Behälter füllen, am besten mit einem gut schließenden Deckel. In den Gefrierer stellen und bis zum völligen Erstarren regelmäßig umrühren, um die Eiskristalle möglichst klein zu halten.

Frieren Sie Ihr Eis nach dem Zubereiten in der Maschine noch ein, oder haben Sie es darin gefrieren lassen, ist es wie bereits berichtet, kälter und dadurch härter als üblich. Nehmen Sie es deshalb einige Minuten vor dem Verzehr heraus und lassen es (nicht gerade in der Sonne!) leicht antauen. Nun ist es bereit, genossen zu werden!

Manche Eissorten werden in der Eismaschine nicht ganz fest, daher gibt man sie anschließend noch für 1 bis 2 Stunden in den Gefrierschrank, bevor sie verspeist werden, bis sie genau richtig sind.

Was wird benötigt?

Meist dürfte in jedem Haushalt vorhanden sein, was wir für unser selbst-gemachtes Eis benötigen:

- Guter Mixer oder Küchenmaschine
- Schneebesen
- Messbecher
- Zestenreisser oder feine Reibe
- Küchenwaage
- Pürierstab (=Stabmixer), am besten mit stabilem Metallfuß
- Teigschaber (zum Umfüllen und regelmäßigen Umrühren der gefrierenden Eismasse)
- Evt. Flüssigkeitsthermometer
- Eisportionierer
- Evt. Gefäß aus Edelstahl zum schnelleren Gefrieren im Gefrierschrank
- Frischhaltefolie
- Passende Gefriergefäße, evt. spezielle Formen für Eistorten oder festliche Eiskreationen
- Am besten eine Eismaschine
- Ein Gefrierschrank oder ein sehr kaltes Gefrierfach

Und viele eishungrige Schleckermäulchen...

Noch ein Wort zur Eismaschine

Die „kleinen" Eismaschinen, die zum Kauf für den Privathaushalt angeboten werden, sind sicher nicht mit denen der Profis zu vergleichen. Sie arbeiten wesentlich langsamer und rühren die Eismasse beim Kühlen um, während professionelle Maschinen auch zugleich die Eiskristalle zerschneiden. Dadurch ist die Konsistenz von zumindest in der Eisdiele gekauftem Eis zugegebenerweise in der Regel cremiger. Das machen wir jedoch durch die Hochwertigkeit unserer Zutaten wieder wett, wie wir finden. Auch die Süße können wir selbst einstellen auf unseren eigenen Geschmack, was beim Kauf fertiger Produkte für zuckersensitive Leute ein Problem ist.

Nach mehrmaligem Testen verschiedener Geräte haben wir unseren Favorit gefunden:
Bei diesem System wird vor der Eisbereitung das Kühlaggregat mindestens 12 Stunden, noch besser über Nacht im Gefrierschrank so stark abgekühlt, dass es später in der Lage ist, die Eisrohmasse gefrieren zu lassen. Bei unserem bevorzugtem Modell schüttet man sie direkt in dieses Aggregat. Ein stabiler Rührarm dreht die Masse dabei, bis es gefroren ist. Ein Piepssignal ertönt, wenn das Eis fertig ist.
Füllen Sie den Kühlbehälter nicht ganz voll, sonst könnte es Probleme geben beim Festwerden und auch bei der Füllhöhe, die Eismasse schwappt eventuell über.

Nachteil der Angelegenheit ist, dass man immer nur eine Sorte in bestimmter, begrenzter Menge zubereiten kann. Danach muss das Kühlaggregat wieder von Neuem gekühlt werden. Verwendet man zuviel Alkohol oder ist die Temperatur nicht optimal gekühlt, wird das Eis nicht ganz fest. Das ist aber auch kein Problem (ausser, dass man es nicht sofort essen kann!), denn nun füllt man die halbgefrorene Eismasse in ein Gefriergefäß um (auch dies am besten vorkühlen) und stellt es für 1 bis 2 Stunden in den Gefrierschrank, bis es optimal gefroren ist. Das Ergebnis ist dennoch immer cremiger, mit kleineren Eiskristallen, als Eis, das nur im Gefrierschrank „von alleine" gefriert.

Achten Sie vor dem Kauf darauf, ob der Kühlbehälter Ihrer Wunscheismaschine auch in Ihr Eisfach passt (bei kleineren Gefrierfächern kann das ein Problem sein!).

Andere Haushalts-Eismaschinen haben einen eigenen Kompressor und arbeiten ohne die zeitaufwändige Vorkühlung des Aggregates. Man kann mit ihnen deshalb auch gleich hintereinander mehrere Sorten Eis herstellen, wenn man dies möchte. Der Nachteil solcher Maschinen ist aber, dass sie zum einen recht groß sind und zum anderen auch rund dreimal soviel teuer. Macht man also nur gelegentlich Eis, lohnt sich diese teurere Variante nicht unbedingt.

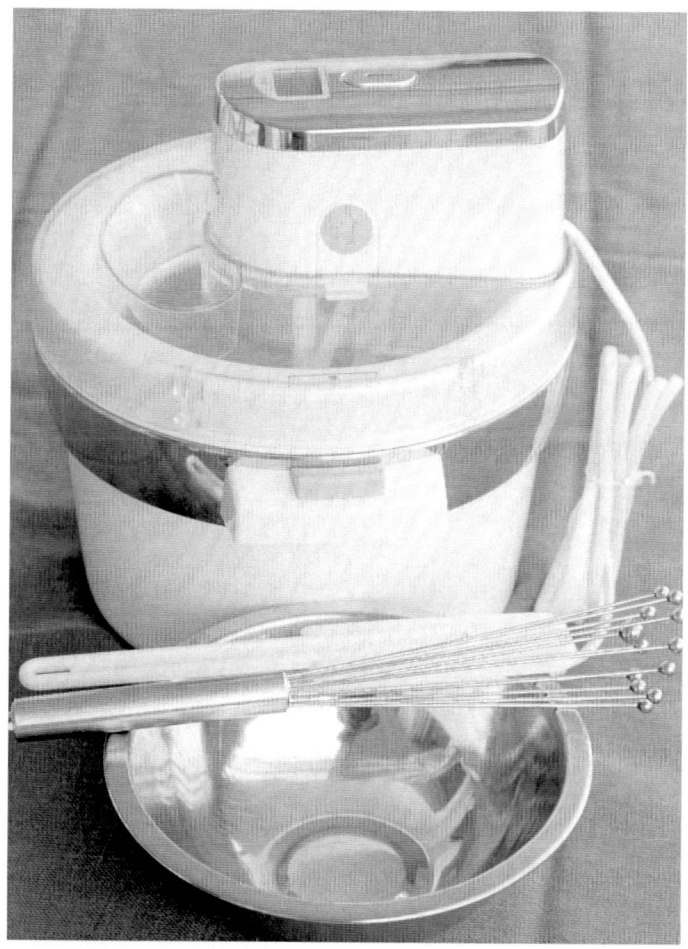

Lagerung

Denken Sie daran, dass unser Eis nicht konserviert wird! Viele Eissorten enthalten auch Eier, welche besonders empfindlich für die Keimbildung sind. Vorsichtshalber und um unsere Gesundheit nicht zu gefährden, werden wir Eis, das wir nicht sofort essen, gleich wieder in den Gefrierschrank geben. Entnehmen Sie immer nur die Menge, die Sie auch aufbrauchen!
Empfehlen können wir eine Lagerung von 7-10 Tagen, denn dann ist es nicht nur frisch, sondern auch besser in Hinsicht auf Aroma und Konsistenz. Es wäre danach theoretisch wohl noch essbar, aber um auf „Nummer Sicher" zu gehen und um einen immer optimalen Eisgenuss zu haben, halten wir selbst uns an die „Einwochenregel". Normalerweise ist es sowieso schnell wieder weg.

Um mehrere Sorten zu produzieren, kann man sich entweder einen zweiten Kühlbehälter, passend zur Eismaschine, anschaffen oder man richtet sich für diesen Einsatz mehrere optimale Eisbehälter her, die man dann immer dafür verwendet.
Gut eignen sich übrigens die Ein-Liter-Joghurtbecher, die wir für unser Eis sowieso benötigen und dann schnell leer machen. Darin kann man dann auch einen „Eisturm" bauen: Mehrere Sorten bereits gefrorenes Eis (oder auch frische Eisüberbleibsel) aufeinander streichen und gleich wieder gefrieren. Dies ergibt dann eine erfrischende und individuelle Eistorte, die Sorten sollten aber miteinander harmonieren!

Übrigens muss Eis zur Aufbewahrung immer abgedeckt werden. Am besten nimmt man hierfür einen Deckel. Dennoch ist es besser den Inhalt noch einmal mit Frischhaltefolie abzudecken. Reissen Sie dafür ein Stück Folie ab, legen Sie diese direkt auf die Eisoberfläche und drücken eventuelle Luftblasen heraus. Dann verschließen Sie die Dose mit dem Deckel oder geben nochmals eine weitere Lage Folie darüber, die fest sitzen und nicht verletzt werden sollte. Am besten eignen sich für die Lagerung von Eiscreme Behälter aus (lebensmittelechtem) Kunststoff. Tiefgefrorenes Eis haftet an Metall oder Glas so gut, dass man es nur unter Schwierigkeiten wieder herausbekommt, außer man kleidet das Gefäß vorher mit Folie aus.

Rezepte

Symbolbeschreibung:

Auf der linken Seite unserer Rezepte finden Sie hilfreiche Symbole. Sie bedeuten Folgendes:

Sehr *fruchtiges* Eis

***Schnelle* Zubereitung
(etwa 5 Minuten, ohne Gefrierzeit!)**

***Supercremige*s Eis**

Besonders *raffiniertes* Eis, für den festlichen Anlass geeignet

Anmerkung zu den Portionsangaben:
1 Portion entspricht etwa 2 Kugeln Eis mit einem handelsüblichen Eisportionierer

Amarena-Kirsch-Eis
4 Portionen

Zutaten:
200 ml Milch
2 EL Vanillesirup oder Vanillezucker
1 Ei
½ EL Raspelschokolade (Zartbitter)
200 g Joghurt
20 Amarenakirschen
8 EL Amarenasirup

Zubereitung:
Ei aufschlagen und mit 1 EL der Milch verrühren. Restliche Milch und Vanillesirup oder Vanillezucker in einem hohen Kochtopf erhitzen und einmal aufkochen lassen. Von der Herdplatte nehmen und das Ei mit einem Mixer hineinlaufen lassen, dabei ständig rühren. Mixen, bis die Masse gut schaumig und noch lauwarm ist. Nun die Raspelschokolade zufügen, noch 2 Minuten lang weiterschlagen. Ist die Masse abgekühlt, den Joghurt zufügen und verrühren. Im Kühlschrank auf unter 10 Grad abkühlen lassen, dann in die Eismaschine oder den Gefrierschrank geben. Die Kirschen halbieren und sie kurz bevor das Eis fest wird, mit dem Sirup zugeben. Weitergefrieren lassen bis zum erwünschten Kältegrad.

Amaretto-Eis

2 Portionen

Zutaten:

2 EL Amaretto
25 g Amarettini-Kekse
150 g Joghurt
1 Ei
2 EL Puderzucker
1 TL frischer Zitronensaft

Zubereitung:

Ei und Puderzucker zu einem hellgelben Schaum schlagen. Joghurt, Amaretto und Zitronensaft verrühren. Die Amarettinis in einen Gefrierbeutel geben und mit dem Teigroller o. ä. zu Krümeln klopfen. Zum Eischnee geben, dann unter die Joghurtmasse heben, gefrieren.

Anti-Aging-Eis

8 Portionen

Zutaten:

50 g Walnüsse (ohne Schale)
100 g Mangofruchtfleisch
100 g Banane
100 g Honigmelonenfleisch
100 g Ananasfruchtfleisch
Mark von 1 Vanilleschote
300 g Joghurt
evt. 1-2 EL Agavendicksaft

Zubereitung:

Walnüsse fein mahlen. Mit den in Stücke geschnittenen Früchten in ein hohes Rührgefäß geben und mit dem Stabmixer pürieren. Das Mark der Vanilleschote und Joghurt zugeben, gut vermischen. Nach Wunsch mit etwas Agavendicksaft nachsüßen und gefrieren lassen.

Avocado-Eis
3 Portionen

Zutaten: 1 reife Avocado
1/2 Zitrone
1 EL Weinbrand
5 EL Agavendicksaft
300 g Joghurt

Zubereitung:

Die Avocado schälen, entkernen und das Fruchtfleisch in Stücke schneiden. Den Saft der Zitrone, den Weinbrand und den Agavendicksaft mit dem gestückelten Avocado Fruchtfleisch in ein Gefäß geben. Dann zu einer Masse pürrieren, anschließend noch mit dem Joghurt verrühren und gefrieren lassen.

Fruity Banana

2 Portionen

Zutaten: 1 reife Banane (100 g Fruchtfleisch)
4 EL Ananassirup (alternativ Melissen-,
oder Orangensirup)
60 g Erdbeersaft
150 g Naturjoghurt (3,5 %)

Zubereitung:
Banane mit dem Erdbeersaft in einem Rührgefäß mit dem Stabmixer cremig pürieren. Joghurt zugeben und gut verrühren, dann mit dem Sirup abschmecken.
In die Eismaschine schütten bzw. in einen Gefrierbehälter füllen und für 3-5 Stunden in den Gefrierschrank geben. Dabei etwa jede Stunde vorsichtig umrühren.

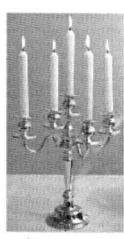

Birne-Apfelcidre
6 Portionen

Zutaten: 2 reife, aromatische Birnen
150 ml herber Apfelcidre
2 ½ TL Puderzucker
1 Limette, unbehandelt
400 g Joghurt
1 TL Sojalecithine
2 EL Milch
1 EL Williamsbirnenschnaps oder -likör

Zubereitung:
Birnen waschen, schälen und in Stücke schneiden. Mit dem Apfelcidre und dem Puderzucker in ein hohes Rührgefäß geben, mit dem Stabmixer fein pürieren. Die Limette waschen, abtrocknen und die Schale abreiben. Die Limette auspressen und den Saft sowie die Schale mit dem Joghurt vermischen. Sojalecithine mit Milch glatt rühren und zufügen. Mit dem Birnenpüree vermengen und mit dem Williamsbirnenbrand abschmecken. Gefrieren lassen.

Bild oben: Amaretto-Eis
Bild unten: Avocado-Eis

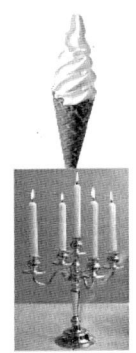

Bucheckern-Eis

4 Portionen

Zutaten: 5 EL Agavensirup
2 EL Bucheckern, frisch gesammelt
1 Zitrone (unbehandelt)
200 g Joghurt
2 EL Whisky
2 Eiweiß

Zubereitung:

Die Bucheckern schälen und ohne Fett in einer unbeschichteten Pfanne gründlich rösten. Darauf achten, dass sie nicht zu dunkel oder gar schwarz werden! Dann abkühlen lassen und mit dem Mixer hacken Die Bucheckern sollten dabei nicht gemahlen werden, aber auch nicht zu grob sein.

Eiweiß zu festem Eischnee schlagen. Joghurt mit Whisky, Agavensirup, dem Saft sowie der abgeriebenen Schale der Zitrone verrühren. Bucheckern unterrühren, dann Eischnee unterheben und gefrieren lassen.

Anmerkung: Roh dürfen Bucheckern nicht verzehrt werden! Das darin enthaltene Fagin wird durch den Röstvorgang abgebaut.

Bild oben: Bucheckern in dr trockenen Pfanne rösten
Bild unten: Bucheckern-Eis

Caipi-Eis

4 Portionen

Zutaten: 2 unbehandelte Limetten
2 EL brauner Rohrzucker
2 EL Cachaca
2 Eiweiß
250 g Joghurt
4 EL Puderzucker

Zubereitung:

Die Limonen waschen und abtrocknen. Die Schale abreiben, mit dem Rohrzucker zusammen in eine kleine Schale geben, vermischen und ziehen lassen (am Besten 2-3 Stunden lang). Dann das Eiweiß mit 2 EL Puderzucker steif schlagen. Inzwischen den Joghurt mit dem Limettensaft, 2 EL Puderzucker und dem Cachaca verrühren. Anschließend das geschlagene Eiweiß unterheben. In die Eismaschine schütten bzw. in einen Gefrierbehälter füllen und für 3-5 Stunden in den Gefrierschrank geben. Dabei etwa jede Stunde vorsichtig umrühren.

Cassata

6 Portionen

Zutaten:
2 frische Eier
3 EL Puderzucker
25 g Orangeat
25 g Citronat
25 g Belegkirschen
20 g Rosinen
3 EL brauner Rum
300 g Joghurt
½ TL Johannisbrotkernmehl oder
Sojalecithine

Zubereitung:
Die Kirschen klein schneiden und zusammen mit dem Orangeat, Citronat, Rosinen sowie dem Rum über Nacht einweichen lassen.
Die frischen Eier zu Schaum schlagen. Dann die eingeweichten Früchte samt der Flüssigkeit mit dem Joghurt verrühren und unter die Eimasse heben. Die fertige Eismasse in eine mit Frischhaltefolie ausgelegte Schüssel aus
Glas oder Metall (ca. 700 ml Volumen) geben. Nun ab in den Gefrierschrank! Die ersten 3 Stunden jede Stunde einmal vorsichtig, damit sich die Früchte nicht nur am Boden absetzen, umrühren. Einfacher ist es, das Eis erst in der Eismaschine halbfest werden zu lassen und danach in die Form zu füllen. Nun lässt man die Cassata noch einige Stunden im Gefrierschrank ganz fest werden.

Abb. nächste Seite
Bild oben: Cassatastück
Bild unten: Cassata im Ganzen

Cassis Royal

3 Portionen

Zutaten: 70 g schwarze Johannisbeermarmelade (mindestens 50 % Fruchtanteil)
2 ½ EL Zucker
3 EL Cassislikör
100 ml Sekt
150 g Joghurt
½ TL Sojalecithine

Zubereitung:
Marmelade, Zucker, Cassislikör, Sekt und Sojalecithine in ein Rührgefäß geben und kurz durchmixen. Joghurt zugeben, verrühren. In die Eismaschine schütten bzw. in einen Gefrierbehälter füllen und für etwa 5-6 Stunden in den Gefrierschrank geben. Dabei etwa jede Stunde vorsichtig umrühren. Aufgrund des Alkoholgehalts dauert der Gefriervorgang bei dieser Sorte relativ lange.

Tipp:
Wer es gerne „schokoladig" mag, kann während des Gefriervorganges noch 1 EL Schokoladenraspel, vorzugsweise Zartbitter, zugeben.
Die Marmelade kann auch selbst gekocht werden aus
35 g schwarzen Johannisbeeren, 20 ml Wasser und 50 g Zucker.

Abb. nächste Seite
Bild oben: Cassis Royal
Bild unten: Chocolat

Chocolate
4 Portionen

Zutaten: 200 g Vollmilchkuvertüre
1 Eigelb
150 ml Milch
150 g Joghurt
3 EL Zucker
1 EL Cognac (wenn nicht für Kinder!)
alternativ ein paar Tropfen Rumaroma
zum Backen

Zubereitung:
Kuvertüre in Stücke brechen und in einem kleinen Kochtopf bei leichter Hitze schmelzen lassen. Milch mit dem Eigelb verrühren und zur fast geschmolzenen Kuvertüre geben. Solange rühren und erwärmen, bis alles eine schöne, sämige Konsistenz hat. Dann vom Herd nehmen und erkalten lassen. Joghurt, Zucker und Cognac oder Rumaroma zugeben und gut verrühren. Vor dem Gefrieren am besten im Kühlschrank etwa 1-2 Stunden lang auf unter 10 Grad abkühlen lassen. Dann in die Eismaschine oder ein Gefriergefäß füllen und gefrieren lassen.

Tipp:
Dieses Schokoladeneis lässt sich auch gut verändern, indem man etwa 25 g gehackte Nüsse, Kokosraspeln, Schokoladenflocken oder auch Haselnusskrokant zufügt.

Erdbeer-Holunderblüte

5 Portionen

Zutaten: 300 g Erdbeeren
                    120 ml Holundersirup
                    1 Limette, unbehandelt
                    250 g Joghurt (3,5 - 10 % Fettanteil)

Zubereitung:

Die Erdbeeren waschen und in ein hohes Rührgefäß geben. Limette waschen, die Schale davon abreiben, dann auspressen. Saft und den Sirup über die Erdbeeren geben und mit dem Stabmixer fein pürieren. Danach den Joghurt zugeben. In die Eismaschine schütten bzw. in einen Gefrierbehälter füllen und für 3-5 Stunden in den Gefrierschrank geben. Dabei etwa jede Stunde vorsichtig mit dem Teigschaber umrühren.

Glühwein-Eis

2 Portionen

Zutaten: 100 ml Glühweinsirup (Zubereitung siehe unten)
200 ml Joghurt
1 TL Sojalecithine
3 EL Puderzucker
2 Msp. Zimtpulver

Zubereitung:
Sirup, Joghurt, Sojalecithine, Puderzucker und Zimt in einem Mixbecher gut miteinander verrühren und gefrieren lassen.

Glühweinsirup

Ergibt etwa 250 ml Sirup

Zutaten: 500 ml Glühwein (zum Beispiel Heidelbeerglühwein)
3 EL Honig
2 EL brauner Rohrzucker

Zubereitung:
Glühwein in einen Kochtopf geben und bei niedriger Hitze bis auf etwa 200 ml einkochen lassen (leicht simmern, das dauert etwa 2 Stunden). Zucker und Honig einrühren und auflösen lassen und noch heiß in ein Fläschchen abfüllen. Hält sich verschlossen monatelang. Geöffnet im Kühlschrank aufbewahren. Sollte sich Schimmel bilden, nicht mehr verwenden!

Granatapfel-Eis

3 Portionen

Zutaten: 1 Granatapfel
2 EL brauner Zucker
2 EL weißer Zucker
3 EL Weinbrand
5 EL Granatapfelsirup
300 g Joghurt, 10%

Zubereitung:
Granatapfel längs aufschneiden und die Kerne ohne Hautreste auslösen, Saft dabei auffangen. In einen kleinen Kochtopf geben, mit beiden Zuckerarten und dem Weinbrand mindestens 2 Stunden lang ziehen lassen (marinieren). Danach unter Rühren zum Kochen bringen und anschließend 4 Minuten lang bei reduzierter Hitze köcheln lassen. Vom Herd nehmen und abkühlen lassen. Nun den Sirup zugeben und mit dem Stabmixer pürieren. Duch ein Sieb streichen um die Kernreste zu entfernen. Joghurt einrühren und gefrieren lassen.

Himbeer-Brombeer-Eis
5 Portionen

Zutaten:

150 g Himbeeren, frisch oder gefroren (ungezuckert)
75 g Brombeeren, frisch oder gefroren (ungezuckert)
300 g Joghurt
200 g Zucker
3 EL Puderzucker
1 Eiweiß
1 TL Sojalecithine
2 EL Milch

Zubereitung:

Frische Früchte waschen und abtropfen lassen. Gefrorene aus der Packung nehmen. Alle Früchte mit dem Zucker in einen Topf geben, vermischen und über Nacht im Kühlschrank ziehen lassen.

Am nächsten Tag Eiweiß mit dem Puderzucker zu Eischnee schlagen, Joghurt mit der jetzt sehr saftigen Fruchtmischung vermengen. Sojalecithine mit der Milch glatt anrühren und zufügen, Eischnee unterheben, gefrieren lassen.

Holunder-Wunder

3 Portionen

Zutaten: 200 ml Holunderbeerensirup
(entspricht 180 ml Holundersaft und 4 EL
Puderzucker)
70 g Rohmarzipan
150 g Joghurt
1 EL Puderzucker

Zubereitung:

Rohmarzipan in Stücke schneiden. Mit dem Sirup in ein Gefäß geben und pürieren bis eine glatte Masse entsteht. Joghurt und evt. Den Puderzucker zugeben, verrühren, bis alles sämig ist. In die Eismaschine füllen und gefrieren lassen oder im Gefrierschrank unter stündlichem Umrühren zu Eis erstarren lassen.

Variante:
Statt mit Marzipan kann man das Eis auch mit 3 EL Apfel- oder Hagebuttenmus machen.

Oben: Holunder-Wunder und Weisse Mousse
Unten links: Himbeer-Brombeer-Eis
Unten rechts: Granatapfel-Eis

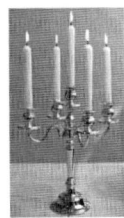

Jogopresso
4 Portionen

Zutaten: 7 Tassen frisch gebrühter Espresso
9 EL Puderzucker
2 Eiweiß
½ TL Zimtpulver
300 g Joghurt

Zubereitung:
5 EL Puderzucker im Espresso auflösen, abkühlen lassen. Erkaltet mit dem Joghurt verrühren. Eiweiße mit 4 EL Puderzucker zu Eischnee schlagen, Zimt unterrühren und unter die Joghurtmasse heben, gut vermischen. In die Eismaschine schütten bzw. in einen Gefrierbehälter füllen und für 3-5 Stunden in den Gefrierschrank geben. Dabei etwa jede Stunde vorsichtig umrühren.
Dieses Eis eignet sich sehr gut als krönender Abschluss eines guten Essens statt eines heißen Espresso!

Kalte Küsse
1 Portion

Zutaten: 5 Schokoküsse
100 g Joghurt
½ TL Sojalecithin

Zubereitung:
Die Waffelböden von den Schokoküssen entfernen. Schokoküsse, Joghurt und Sojalecithine in ein Rührgefäß geben und mit dem Stabmixer fein durchmixen. Dann wie gewünscht gefrieren.

Kiwi-Eis

3 Portionen

Zutaten: 3 Kiwi
1 Vanille-Sahnepudding (fertig, 125 g)
4 EL Joghurt
3 EL Zitronenmarmelade
3 EL Puderzucker

Zubereitung:
Die Kiwis schälen und vierteln. Zusammen mit der Marmelade in ein hohes Gefäß geben, um es mit dem Mixstab zu pürieren. Nun den Pudding, den Puderzucker und den Joghurt zugeben und alles gut vermischen. In der Eismaschine oder im Gefrierschrank gefrieren lassen. Jede Stunde einmal gut durchrühren, bis es fest ist.

Kokos-Zitronen-Eis

4 Portionen

Zutaten:

3 EL Kokosraspeln
7 EL Kokossirup
3 EL Puderzucker
100 ml Wasser
1 Zitrone, unbehandelt
2 Eiweiß
250 g Joghurt, 3,5 %

Zubereitung:

Kokosraspeln in einem Kochtopf trocken leicht rösten, aber nicht braun werden lassen. Wasser zufügen und etwa 5 Minuten lang unter Rühren kochen lassen, bis die Raspeln saftig sind, aber kein Wasser mehr im Topf schwimmt. Vom Herd nehmen und den Kokossirup unterrühren, auskühlen lassen.

Zitrone waschen, Schale abreiben und den Saft einer Zitronenhälfte auspressen. Joghurt und Zitronenschale miteinander verrühren. Erkaltete Koskosmischung zugeben. Eiweiße mit dem Zitronensaft und dem Puderzucker steif schlagen. Die Yoghurtmischung vorsichtig unterheben. In die Eismaschine schütten bzw. in einen Gefrierbehälter füllen und für 3-5 Stunden in den Gefrierschrank geben. Dabei etwa jede Stunde vorsichtig umrühren.

Bild oben: Kiwi-Eis
Bild unten: Kokos-Zitronen-Eis

Kumquat-Sternanis-Eis

2-3 Portionen

Zutaten: 100 ml Sternanissirup
100 g Kumquats
200 g Joghurt (am besten 10 % Fett)

Zubereitung:
Kumquats waschen, Wasser abschütteln, dann in kleine Stücke schneiden. Mit dem Sirup übergießen und mindestens 2 Stunden lang marinieren. Dann den Joghurt zugeben, gut verrühren und gefrieren lassen.

Tipp:
Dieses fruchtige Eis kann man wunderbar auch mit Limetten oder Orangen herstellen. Die Früchte dürfen jedoch keine behandelte Schale haben! Schale dann abreiben und nur das Fruchtfleisch und die abgeriebene Schale verwenden, nicht die bittere weisse Haut.

Sternanis-Sirup

Ergibt etwa 100 ml Sirup

Zutaten: 3 g Sternanis, ganz
200 ml Wasser
1 EL brauner Rohrzucker
3 EL weißer Zucker

Zubereitung:
Sternanis mit Wasser in einem kleinen Topf 20 Minuten lang köcheln. Beide Zucker zugeben, nochmals 3 Minuten lang kochen, Anis entfernen und abkühlen lassen.

Malaga-Eis
4 Portionen

Zutaten: 25 g getrocknete Rosinen, ungeschwefelt
50 ml Malagawein
200 g Joghurt
3 EL Puderzucker
1 Ei

Zubereitung:
Rosinen mit dem Malagawein übergießen und solange darin marinieren, bis sie weich sind (dauert zwischen 2 und 10 Stunden, je nachdem wie trocken die Rosinen sind). Dann Ei mit dem Puderzucker hellgelb schaumig schlagen. Joghurt mit der Rosinen-Wein-Mischung vermengen, Eischaum unterheben. In die Eismaschine schütten bzw. in einen Gefrierbehälter füllen und für 3-5 Stunden in den Gefrierschrank geben. Dabei etwa jede Stunde vorsichtig umrühren.

Tipp:
Damit sich die Rosinen nicht als Bodensatz ablegen, entweder am besten mit der Eismaschine herstellen oder stündlich aus dem Gefrierschrank nehmen und gut durchrühren. Durch den Alkoholgehalt dauert dies bis zu 6 Stunden.

Abb. vorige Seite
Oben: Malaga-Eis
Unten: Kumquat-Sternanis-Eis

Mango-Eis
6 Portionen

Zutaten: 1 reife Mango (ca. 500 g)
150 ml Zitronen-Melissensirup
300 g Naturjoghurt (10 %)
1 unbehandelte Limette

Zubereitung:
Limette waschen, die Schale abraspeln, mit Joghurt in einer Schüssel verrühren. Mango schälen, das Fruchtfleisch in Stücke schneiden und den Saft dabei auffangen. In ein hohes Mischgefäß (wegen Spritzgefahr) geben und den Sirup sowie den Saft der Limette hinzufügen. Nun mit einem Pürierstab fein mixen. Die Joghurt-Limettenmasse und das Mangopüree miteinander vermischen. In die Eismaschine schütten bzw. in einen Gefrierbehälter füllen und für 3-5 Stunden in den Gefrierschrank geben. Am Besten jede Stunde einmal vorsichtig mit dem Teigschaber umrühren.

Maracuja-Eis

2 Portionen

Zutaten: 2 reife Maracujas (Passionsfrüchte)
100 ml Maracujasirup
150 g Joghurt
1 TL Sojalecithine
1 ½ EL Puderzucker
100 ml Milch
50 ml Limoncello nach Belieben

Zubereitung:

Die Maracujas aufschneiden und die Kerne herauslöffeln. Diese dann mit der Milch, dem Sirup, dem Sojalecithine und dem Puderzucker zusammen in ein Gefäß geben und mit dem Rührbesen gut vermischen. Joghurt und nach Wunsch den Limoncello zugeben.

Nun in ein Gefriergefäß oder in die Eismaschine füllen und gefrieren lassen.

Bild oben: Mango-Eis
Bild unten: Maracuja-Eis

Maroni-Eis
4 Portionen

Zutaten: 200 g Maronencreme (ca 45 %
Maronenanteil)
½ Zitrone, unbehandelt
2 Eier
200 g Joghurt
2 EL Weinbrand oder Weinbrandlikör

Zubereitung:
1 ganzes Ei und das Eiweiß des zweiten Eis in einer
Schüssel zu einer dicken Creme schlagen. Die Schale der
halben Zitrone abreiben. In einem Rührgefäß die
Maronencreme, den Joghurt und die Zitronenschale
cremig vermixen. Vorsichtig unter die fertige Eimasse
heben. In die Eismaschine schütten bzw. in einen
Gefrierbehälter füllen und für 3-5 Stunden in den
Gefrierschrank geben. Jede Stunde vorsichtig einmal
umrühren.

Meloneneis

5 Portionen

Zutaten: 200 g entkerntes Fruchtfleisch einer
süßen Melone (Honig-, Zucker-, oder
Wassermelone)
7 EL Puderzucker
½ Zitrone (unbehandelt)
300 g Joghurt
1 Eiweiß

Zubereitung:
Die Zitrone waschen, Schale abreiben, Saft auspressen.
Die Melone in Stückchen schneiden und mit dem
Zitronenabrieb, Zitronensaft und 4 EL Puderzucker in ein
hohes Gefäß geben. Nun mit einem Pürierstab cremig
mixen. Eiweiß mit 3 EL Puderzucker zu steifem Eischnee
rühren. Mit dem Joghurt und der Fruchtmasse vermischen. Anschließend die Masse in ein Gefriergefäß
geben oder in die Eismaschine und gefrieren lassen. Bei
der Zubereitung im Gefrierschrank stündlich umrühren.

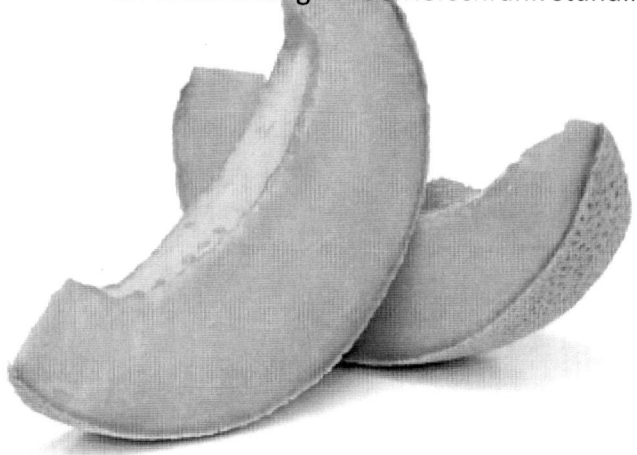

Mohn-Eis

3 Portionen

Zutaten: 50 g Mohnsamen (keine Mohnbackmischung o. ä.)
1 EL Trinkschokoladenpulver (ca. 32 % Kakaoanteil)
6 EL Puderzucker
8 g Vanillezucker (echter)
1 EL weißer Rum oder Birnenbrand
200 g Joghurt
1 Eiweiß

Zubereitung:
Das Eiweiß mit 2 EL Puderzucker schnittfest steif schlagen. Den Vanillezucker unterrühren. Joghurt mit Kakaopulver und Rum bzw. Birnenbrand vermengen. Mohn mahlen (in der Moulinette, einer Kaffemühle oder Mohnmühle), bis er eine leicht breiige Masse ergibt, ähnlich wie Marzipan. Dann mit dem Joghurt verrühren, anschließend den Eischnee unterheben. In der Eismaschine oder im Gefrierschrank gefrieren lassen. Dabei stündlich umrühren.

Abb. rechts: Mohn-Eis

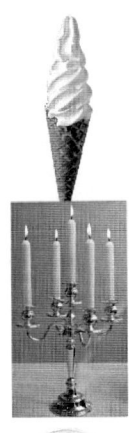

Nougat-Eis

2 Portionen

Zutaten: 100 g Nussnugatcreme
(mit hohem Nussanteil)
200 g Joghurt

Zubereitung:
Nugatcreme und Joghurt in einer Schüssel gut miteinander verrühren, bis eine cremige Masse entsteht. In der Eismaschine oder im Gefrierschrank gefrieren lassen. Jede Stunde einmal umrühren, bis das Eis fest ist.

Pfirsich-Himbeer-Eis

3 Portionen

Zutaten: 200 g Pfirsiche, möglichst reif
300 g Joghurt
4 EL Himbeersirup
1 Limette, unbehandelt

Zubereitung:
Die Limette waschen und trockenreiben. Die Schale abreiben und mit dem Joghurt vermischen. Die Pfirsiche schälen, entkernen und in Stücke schneiden. Mit dem Himbeersirup und dem Saft der Limette fein pürieren. Pfirsiche mit der Joghurtmasse vermengen und gut verrühren. Die Süße testen, eventuell etwas nachsüßen. In die Eismaschine schütten bzw. in einen Gefrierbehälter füllen und für 3-5 Stunden in den Gefrierschrank geben. Dabei stündlich umrühren.

Pinienkern-Mohn-Eis

3 Portionen

Zutaten: 30 g Pinienkerne, geschält
25 g Mohn
150 ml Milch
3 ½ EL Zucker
½ TL Sojalecithine
150 g Joghurt

Zubereitung:
Pinienkerne in einer Pfanne trocken goldgelb rösten. Mohn fein mahlen, Die Pinienkerne zugeben und zusammen weitermahlen, bis eine marzipanartige Masse entsteht. Mit Milch, Zucker und Sojalecithine in ein hohes Gefäß geben und vermixen. Joghurt unterrühren In ein Gefriergefäß bzw. in die Eismaschine füllen und gefrieren lassen.

Pistazieneis

4 Portionen

Zutaten: 50 g Pistazien, ohne Schale, ungeröstet
und ungesalzen
5 EL Puderzucker
300 g Joghurt
200 ml Milch

Zubereitung:
Pistazien mit Milch und Puderzucker in ein Mixgefäß geben, mit dem Stabmixer pürieren. Mit dem Joghurt vermischen, dann gefrieren lassen. *Ein Zwetschgenröster (Kompott) passt sehr gut zu diesem feinen Eis!*

Sanddorn-Honig-Eis

2 Portionen

Zutaten: 2 EL Sanddornmarmelade
= 80 g (mind. 50 % Frucht)
3 EL Honig
200 g Joghurt
1 EL Orangenlikör (nach Belieben)

Zubereitung:
Marmelade, Honig, Joghurt und Orangenlikör in ein Rührgefäß geben und mit dem Stabmixer schnell cremig rühren. Nun nach Wunsch in der Eismaschine oder im Gefrierschrank gefrieren lassen und stündlich umrühren.

Schnelles-Himbeer-Eis

5 Portionen

Zutaten: 300 g gefrorene Himbeeren
5 EL Sirup (Himbeer, Waldbeer oder Vanille)
300 g Joghurt

Zubereitung:
Die gefrorenen Himbeeren, den Sirup sowie den Joghurt in ein hohes (wegen Spritzgefahr) Mixgefäß geben. Mit einem Pürierstab oder Mixer zu einer cremiger Eismasse verarbeiten. In die Eismaschine füllen, even-tuell anschließend noch eine Stunde im Gefrierschrank fester werden lassen. Oder in ein Gefriergefäß geben und dieses dann für 3-5 Stunden in den Gefrierschrank stellen, jede Stunde vorsichtig durchrühren.

Bild oben: Schoko-Minz-Eis
Bild unten: Pistazieneis

Schoko-Minz-Eis

2 Portionen

Zutaten:	100 ml Pfefferminzsirup
	1 EL Puderzucker
	200 g Joghurt (am besten 10% ig)
	2 EL Raspelschokolade, Zartbitter

Zubereitung:
Sirup, Puderzucker und Joghurt in einer Schüssel vermischen, Raspelschokolade unterrühren. In der Eismaschine oder im Gefrierschrank gefrieren lassen und stündlich durchrühren bis das Eis fest ist.

> *Variante:*
> *Minzeis ohne Schokolade . Es schmeckt auch sehr fein!*

Stracciatella

2 Portionen

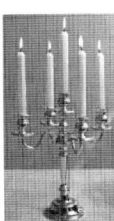

Zutaten:	100 ml Vollmilch
	150 g Joghurt
	1 TL Sojalecithine
	4 EL Vanillesirup
	25 g Schokoladenraspeln, Zartbitter

Zubereitung:
Sojalecithine mit etwas Milch glatt rühren. Mit der restlichen Milch, dem Sirup und dem Joghurt in einer Schüssel gut vermischen. Gefrieren lassen, bis es noch nicht ganz fest ist, dann die Schokoraspeln unterrühren. Bis zur gewünschten Härte weitergefrieren lassen.

Oben: köchelnde Pfirsichstücke in Karamellsirup
Unten: Weinbergpfirsich-Karamell-Eis

Vanille-Eis
4 Portionen

Zutaten: 3 Eier, sehr frisch
3 EL Puderzucker
8 EL Vanillesirup
(Zubereitung siehe unten)
300 g Joghurt
100 ml Milch

Zubereitung:
2 ganze Eier und nur das Eiweiß vom dritten Ei mit dem Puderzucker zu einer hellgelben schaumigen Masse rühren. Joghurt mit Vanillesirup vermischen. Die Milch erhitzen bis zum Siedepunkt und unter ständigem Rühren löffelweise in die Eiermasse geben. Bis zum Erkalten weiterrühren, mit der Joghurtmischung vermengen und gefrieren lassen.

Vanillesirup
Ergibt etwa 400 ml

Zutaten: 4 Vanilleschoten
600 ml Wasser
300 g brauner Rohrzucker

Zubereitung:
Die Vanilleschoten längs mit einem scharfen Messer auf-schlitzen und das Mark herauskratzen. Schoten und Mark in einen Topf mit Wasser aufsetzen und 1 Stunde lang köcheln lassen, alles auf die Hälfte reduziert ist. Die

Schoten dann entfernen und 1:1 mit Zucker nochmals 5 Minuten aufkochen lassen. Heiss abfüllen.
Die Vanilleschoten haben nun immer noch soviel Aroma, dass man sie nochmals verwenden kann. Man kocht sie dann 1,5 Stunden lang sanft und gibt wieder im Verhältnis 1:1 Zucker da-zu. Für hellen Sirup verwendet man weissen Zucker, Brauner macht ihn aromatischer.

Weinbergpfirsich-Karamell-Eis
4 Portionen

Zutaten: 200 g Weinbergpfirsiche
3 EL brauner Zucker
80 ml Wasser
2 Messerspitze gemahlener Kardamom
1 unbehandelte Zitrone
2 EL Sahne
2 EL Apricot Brandy oder Rumlikör
250 g Joghurt (3,5 %)

Zubereitung:
Pfirsiche waschen, enthäuten, Kerne entfernen, Fruchtfleisch in grobe Stücke schneiden. Zucker in einem unbeschichteten Kochtopf schmelzen lassen, mit dem Wasser ablöschen und unter Rühren zu einem leichten Sirup kochen. Pfirsichstücke zugeben und 5 Minuten lang darin köcheln lassen, dabei oft umrühren. Wenn sie weichgekocht sind, vom Herd nehmen und abkühlen lassen. Zitrone waschen, Schale abreiben und Saft auspressen. Mit Sahne, Alkohol und Kardamom zur Pfirsichmasse geben und mit dem Stabmixer durchpürieren. Joghurt zufügen, wieder gut vermischen, dann gefrieren lassen.

Weisse Mousse

4 Portionen

Zutaten: 250 g weisse Schokolade oder Kuvertüre
125 ml Milch
2 Eiweiss
1 EL Puderzucker
200 g Joghurt

Zubereitung:
Die Milch in einem Kochtopf erhitzen, aber nicht kochen. Schokolade in Stücke brechen und hineingeben. Unter Rühren auflösen, anschließend abkühlen lassen, dabei immer wieder durchrühren. Eiweiß mit Puderzucker zu Eischnee schlagen. Schokoladensauce mit Joghurt verrühren, den Eischnee unterheben. In der Eismaschine oder im Gefrierschrank gefrieren lassen. Braucht eventuell durch den hohen Anteil an Schokolade etwas länger bis es fest ist, daher im Anschluss an die Eismaschine noch für 1 Stunde in den Gefrierschrank stellen.

Tipp:
Dieses fantastische Eis schmeckt sehr gut mit einer fruchtigen Sauce, zum Beispiel Himbeere, Blaubeere, Limette oder Mango.

Bild oben: Vanille-Eis
Bild unten: Stracciatella

Weisse Pflaume

3 Portionen

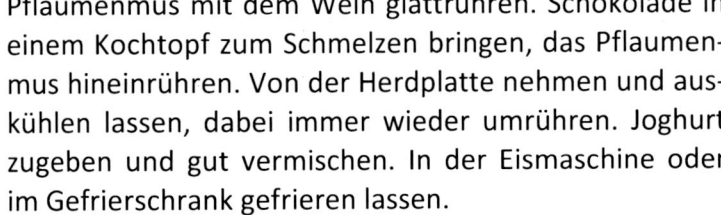

Zutaten: 80 g weisse Schokolade
150 g Pflaumenmus
2 EL Portwein oder süsser Dessertwein
150 g Joghurt

Zubereitung:
Pflaumenmus mit dem Wein glattrühren. Schokolade in einem Kochtopf zum Schmelzen bringen, das Pflaumenmus hineinrühren. Von der Herdplatte nehmen und auskühlen lassen, dabei immer wieder umrühren. Joghurt zugeben und gut vermischen. In der Eismaschine oder im Gefrierschrank gefrieren lassen.

Zitroneneis

6 Portionen

Zutaten: 500 g Joghurt
2 Eier
4 EL Puderzucker
1 Zitrone (unbehandelt)
100 ml Vanillesirup

Zubereitung:
Eier mit dem Puderzucker sehr schaumig schlagen. Zitrone waschen, Schale abreiben und Saft einer Zitronenhälfte unter den Eierschaum rühren. Joghurt und Vanillesirup zugeben. Alles miteinander vermischen und abschmecken. In der Eismaschine oder im Gefrierschrank zu Eis gefrieren lassen.

Was „obendrauf" schmeckt: Toppings

Lust auf ein paar zusätzliche Kalorien? Dann versuchen Sie unsere leckeren Toppings, also das „Obenauf", das wir zur Dekoration und für den zusätzlichen Kick noch auf unsere selbstgemachten Eisbecher zugeben Können.

Grundsätzlich eigenen sich:

- Kekse, eventuell in Stücke gebrochen oder zerkrümelt
- Feine Schokotäfelchen
- Schokodragees
- Waffeln jeder Form
- Frische Früchte, gewaschen, eventuell klein geschnitten und vorher mit etwas Alkohol mariniert
- Granatapfelkerne
- Kandierte Früchte
- Getrocknete Früchte wie Rosinen, Cranberries, Ananas oder Mango
- Baiser, selbst gemacht oder auch gekauft (in verschiedenen Größen erhältlich), am besten extra klein oder in Stückchen gebrochen
- Ungesalzene Nüsse, evt. vorher grob hacken
- Cerealien wie Cornflakes oder schokolierte Flakes
- Müsli, am besten Knuspermüsli
- Mandelsplitter
- Kokosflocken, am besten leicht geröstet
- Gummibärchen, Weingummi
- Fruchtsaucen fertig gekauft oder selbst gemacht
- Schokoladensauce oder Vanillesauce
- Pralinen, zum Beispiel Trüffelstückchen oder Kokospralinenkugeln
- Ein paar Löffel Sirup, zum Beispiel von Amarenakirschen, gekaufter Bar-Sirup oder selbstgekochter Sirup (Melisse, Lavendel, Minze)

Rezeptregister

Literatur aus dem Compbook Verlag

Liköre!
Fruchtliköre Blütenliköre Sahneliköre Kräuterliköre & zuckerfreie Liköre
ISBN 978-3-934473-10-2

Elisabeth Engler
Parfum Workshop
100 edle Düfte für Sie & Ihn
ISBN 978-3-934473-77-5

Elisabeth Engler
Kräuter- und Gewürzsalze
Leckere Salzmischungen
höllisch scharf bis himmlisch würzig
ISBN 978-3-934473-05-8

Kräuterweine und Elixiere
110 Rezepte nach Hildegard von Bingen, Ayurveda
und aus der Naturheilkunde
ISBN 978-3-934473-03-4

Elisabeth Engler
Das Sirup-Kochbuch
Fruchtsirup, Blütensirup, Kräutersirup, Hustensirup und Kräuter-Honig
ISBN 978-3-934473-00-3

KH Engler
Hot Chocolate!
köstliche Trinkschokolade selbst gemacht
ISBN 978-3-934473-30-0

40 wundervoll delikate und meist supereinfach herzustellende Eissorten auf Joghurtbasis - ohne fette Sahne. Alle Sorten von anspruchsvollen Eisschleckermäulern getestet und für "supergut, fantastisch oder grandios" befunden!

Für die Herstellung in einer einfachen Haushalts-Eismaschine aber auch im Gefrierschrank.

Übersichtlich dargestellt mit Symbolen für
- sehr fruchtig
- schnelle Herstellung bis 5 Minuten
- supercremig
- raffiniert, für festliche Anlässe geeignet

Aber Vorsicht,
dieses Eis macht süchtig!

Zum Beispiel:
Amarena-Kirsch-Eis
Amaretto-Eis
Chocolate
Erdbeer-Holunderblüte
Himbeer-Brombeer-Eis
Kokos-Zitronen-Eis
Mango-Eis
Maracuja-Eis
Meloneneis
Nougat-Eis
Pfirsich-Himbeer-Eis
Pistazieneis
u. v. m.

9 783934 473126